LE NOUVEAU LIVRE

DES

PETITS ENFANTS

PARIS. — IMPRIMERIE A.-E. ROCHETTE
78-80, boulevard Montparnasse, 78-80

(C.)

LE NOUVEAU LIVRE

DES

PETITS ENFANTS

PAR

Mme MÉLANIE DUMONT

PARIS

LIBRAIRIE D'ÉDUCATION

GÉRANT: AMABLE RIGAUD, ÉDITEUR

23, Quai des Augustins, 23.

1871

LE PETIT MENTEUR

Henri, petit garçon d'une figure intéressante, habitait en Normandie, avec ses parents, dans un château entouré de belles plaines où l'on conduisait les troupeaux des environs. Cet enfant avait de bonnes qualités; mais il était menteur, défaut capital qu'il avait malheureusement contracté en faisant mille malices à l'un et à l'autre, et dont il manqua de devenir lui-même la victime.

Henri aimait beaucoup à se promener au milieu des petits moutons, auxquels, pour s'amuser, il faisait toutes sortes d'espiégleries, en leur présentant soit du pain qu'il ne leur donnait pas, soit une plante de mauvais goût, ou bien en cherchant à les effrayer afin de les disperser au loin et de voir les chiens courir après eux.

Ces petites ruses lui ayant attiré

des réprimandes de la part des bergers, il imagina quelque chose de beaucoup plus grave et de plus dangereux.

Profitant du repos des pâtres et des chiens, Henri, caché derrière un arbre, s'écrie :

— Au loup !... au loup !...

A ce cri d'alarme, hommes et chiens, tous accoururent effrayés et prêts à combattre l'animal féroce, qui n'existait que dans le mensonge du petit étourdi.

Satisfait d'avoir aussi bien réussi, il fit le lendemain un nouvel appel aux gardiens des troupeaux, et le succès couronna encore son espièglerie. Le troisième jour, comme il

se disposait à recommencer le même mensonge, un véritable loup se précipite avec furie parmi les moutons et en égorge trois ou quatre.

— Au loup ! s'écrie le malheureux enfant, au loup !... je suis perdu !

Mais, trompés par ses derniers mensonges, les pâtres continuaient à dormir et personne ne venait à son secours. Enfin, poursuivi par l'animal furieux, il allait être dévoré, quand un bon paysan, qui passait par là, le sauva du péril auquel il eût succombé sans son secours.

Tant il est vrai que le menteur n'est jamais cru, lors même qu'il dit la vérité !

RICHES ET PAUVRES

« Venez, mes petits enfants, voici des oranges, des jouets et des bonbons ! achetez ! » criait Gros-Pierre en traînant sa petite voiture.

Et chacun de l'entourer, les uns pour acheter, les autres pour regarder.

Parmi les assistants on distinguait des enfants riches et des enfants pauvres, habitants communs d'une même maison. Alphonsine et Georges, locataires du premier, firent une ample provision de ce qu'il y avait de mieux dans la boutique, tandis que Michel et Victorine les regardaient avec un sentiment d'envie.

Rentrés chez eux, les charmants enfants du premier étalèrent leurs nouveaux achats.

— Maman, dit Alphonsine, si tu savais combien les enfants de madame Durand sont gourmands !

— Ils dévoraient nos bonbons des yeux, ajouta Georges.

— Cela n'est pas étonnant, répondit madame de Givry, ils sont privés de tout; leur pauvre mère est si malheureuse !

— Ils ne mangent donc pas comme nous? reprit la petite fille.

— Hélas ! madame Durand suffit à peine à leur donner du pain.

— Oh ! mon Dieu ! maman !...

Dans le même temps, une autre conversation se tenait dans les mansardes; Michel et Victorine se plaignaient à leur mère d'être privés des douceurs des enfants riches, dont ils accusaient le cœur.

— N'en dites pas de mal, mes enfants ; le riche est le soutien du pauvre ; leur mère ne nous envoie-elle pas chaque jour de l'ouvrage dont elle double le prix ?

Comme elle achevait ces mots, un domestique entra ; il venait chercher Michel et Victorine de la part d'Alphonsine et de Georges. Ceux-ci, émus par les paroles de leur bonne mère, avaient voulu partager leurs richesses avec leurs pauvres petits voisins.

Enfants riches, les enfants moins bien partagés que vous vous regardent souvent avec un œil d'envie. Songez que le bon Dieu aurait pu les mettre à votre place, et que, si vous étiez à la leur, vous seriez bien

heureux qu'ils se montrassent quel-
quefois bons et généreux pour vous.

La gentille Clémence avait reçu
de sa bonne mère un grand album
plein de belles histoires et de char-
mantes gravures. Jamais aucun
cadeau ne l'avait rendue aussi heureuse : l'album avait fait oublier la

belle poupée aux yeux d'émail, et la corde et le cerceau.

Tous les jours, aux heures de récréation, Clémence prenait son livre favori, et courait vers un bosquet formé de jolis arbustes, dont le feuillage touffu arrêtait les rayons du soleil. Clémence s'asseyait sur un banc de gazon, et parcourait le bel album tout à son aise, s'extasiant devant chaque image, et se promettant bien, à chaque histoire qu'elle lisait, d'imiter les enfants sages, et non ceux qui font de la peine à leurs parents.

Un jour que Clémence était dans le bosquet, elle entendit sa mère qui l'appelait. Aussitôt elle s'élance, laissant son album sur le banc de gazon.

Hélas! quand elle revint pour le reprendre, il avait disparu!

Clémence alla retrouver sa mère, et lui raconta, d'une voix entre-coupée par les sanglots, la cause de son chagrin.

Comme madame de Malleval était en train de la consoler, Louise, une pauvre petite fille du village, **pour laquelle Clémence** puisait bien souvent dans sa petite bourse, lui rapporta l'album.

Elle l'avait enlevé à une méchante petite fille qui l'avait trouvé et voulait le garder.

— Tu le vois, ma chère **Clémence,** dit madame de Malleval, le bon **Dieu** te récompense aujourd'hui de la charité que tu as montrée envers **Louise.** *Un bienfait n'est jamais perdu.*

LE BON PETIT SERVITEUR

Émile, fils de M. Lebrun, d'un
caractère vif et d'une étourderie
sans égale, avait pour camarade
habituel le petit Vincent, fils du
jardinier de la maison. Ces deux

enfants avaient contracté **une douce** amitié. Rien n'égalait le dévouement du petit Vincent, qui sacrifiait toujours ses volontés à celles d'Émile.

Vincent ne venait jamais chercher son jeune maître sans lui apporter soit la plus belle fleur de son jardin, soit un petit papillon qu'il attrapait à son intention, ou bien encore quelques mûres des bois dont il s'était privé pour lui. Vincent veillait sur Émile et cherchait à lui éviter tout ce qui pouvait le contrarier ou lui nuire; plus d'une fois il le garantit de quelque petit danger en s'y exposant lui-même.

Émile, qui courait toujours à

perdre haleine et se mettait en sueur sans la moindre précaution, eut une fluxion de poitrine qui donna les plus vives inquiétudes à ses parents.

Vincent en fut très-affligé.

Ce bon petit garçon, toujours désireux de plaire à son jeune maître, employa le temps de cette maladie à cultiver le petit jardin de celui-ci et à l'orner de fleurs ; ce qui ne l'empêchait pas d'aller à chaque instant s'informer des nouvelles d'Émile.

La convalescence étant arrivée :

— Je veux revoir mon jardin, dit Emile ; il doit être dans un bien triste état !

Mais quelle fut sa joie lorsque, accompagné de son père et de Vincent, il trouva son jardin garni des

plus jolies fleurs, et vit sur la branche
d'un jeune pommier un petit nid
d'oiseaux caché dans les feuilles!

— Oh! mon papa, dit Emile, que
je suis heureux et que tu es bon!

— Je ne suis pour rien là-dedans,
cette surprise part du cœur de Vincent, répondit M. Lebrun en serran
affectueusement la main de l'enfan
jardinier; c'est un bon petit servi
teur, et dès ce jour je l'attache à toi

LA PROMENADE AU BOIS

Monsieur Rousseau, peintre de fleurs, était allé au bois pour dessiner d'après nature; il avait emmené avec lui ses deux e fants chéris, Gaston et Augusta, pour les distraire et leur faire prendre de l'exercice.

— Jouez autour de moi, leur dit-il en s'installant.

— Je vais te chercher des fleurs, petit père, répondit Augusta en posant à peine ses jolies bottines sur l'herbe humide.

— Et moi, je vais choisir les plus beaux cailloux du bois.

— C'est cela, mes amis.

Et M. Rousseau commença son travail.

La gentille Augusta se mit à cucil-lir indistinctement tout ce qui se trouvait sous sa main, et elle le rapportait à son père à chaque instant.

— C'est bien, ma petite fille, il ne faut pas me déranger ainsi. Où est ton frère? me cueillerait-il aussi des fleurs?...

— Non, papa, il tue des bêtes.

Gaston écrasait en effet sous son petit pied une foule d'insectes, tels que fourmis, papillons, mouches, en un mot, tout ce qui paraissait vivant à ses yeux.

— Que fais-tu donc là, mon ami?...

— Je tue des bêtes : en voilà encore une... Pan!...

Et le petit pied fait son effet.

— Tuer des bêtes? lui dit son père, c'est le fait d'un mauvais cœur, et cela ne peut t'amuser beaucoup.

— Si, papa, au contraire ; tiens, regarde!

Et il allait frapper de nouveau : quand son père l'arrêta en lui disant,

— Ces insectes ne t'ont fait aucun mal, et tu les détruis sans nécessité?

— Ce ne sont que des bêtes, cela ne fait rien.

— Que dirais-tu, répliqua M. Rousseau, si l'éléphant, qui est plus gros que toi, t'écrasait, pour s'amuser, sous son large pied?

— Oh! moi, c'est différent, cela me ferait du mal.

— Tout ce qui respire a le sentiment de la souffrance.

— Je ne le savais pas, mon père. Puisqu'il en est ainsi, je vais jouer

avec Augusta, et je ne toucherai plus
aux animaux, car je ne veux pas
être méchant.

NE TOUCHEZ PAS AUX CHIENS

Deux enfants de la Savoie venaient à Paris pour gagner leur vie.

Marchant depuis plusieurs jours, ils se sentirent très-fatigués et entrèrent chez une bonne paysanne pour lui demander l'hospitalité et quelque nourriture.

La mère Duval, qui était charitable, après leur avoir donné du pain et du lait de ses vaches, leur remit quelques provisions et leur souhaita un bon voyage.

Après cette assistance, les deux voyageurs se remirent en route, le sac sur le dos; mais voyant auprès de la porte le chien Dragon qui dormait dans sa niche, ils imaginèrent de lui tirer l'oreille pour le réveiller.

Dragon, furieux de cette malice à

laquelle il ne s'attendait pas, se lève, secoue sa chaîne et mord, en aboyant, le doigt de l'impertinent qui a osé troubler son sommeil.

Aux pleurs de l'enfant et aux menaces de son compagnon, qui voudrait bien faire rentrer le chien dans sa niche, la mère Duval accourut tout effrayée.

— Qu'avez-vous fait à mon chien ? dit-elle.

— Le méchant a sauté sur moi et ma mordu bien fort, répond le petit Savoyard en montrant son doigt ensanglanté.

— Il ne vous eût fait aucun mal si vous aviez respecté son sommeil : Dragon est un bon chien, qui garde ma maison et mes enfants quand je ne suis pas là. Mais, voyons, que je panse votre blessure.

Après avoir entouré le doigt de l'enfant d'un linge soigneusement arrangé :

— Allez, dit-elle, petit espiègle, ce ne sera rien, heureusement; mais que cela vous serve de leçon pour l'avenir. Dragon vous a fait à peine sentir ses dents, un chien moins endurant pourrait bien vous blesser d'une manière plus grave.

Là-dessus les enfants se retirèrent en promettant d'être plus prudents et plus sages une autre fois, et surtout de ne plus aller agacer les gros chiens de garde, qui ne sont pas très-endurants avec les étrangers.

LES NEFANTS DU PÊCHEUR

Antoine, brave pêcheur breton disait en prenant ses filets :

— A ce soir, mes enfants; soyez sages. Toi, femme, fais-nous une bonne soupe.

Et il sortit après les avoir embrassés.

La petite Jeannette prit son aiguille, Jean sa navette, et tous les deux travaillèrent auprès de leur mère, tandis qu'elle s'occupait à filer. Deux heures s'étaient à peine écoulées, lorsque le vent s'éleva, le ciel s'obscurcit et le tonnerre se fit entendre avec fracas.

— Grand Dieu! dit Jeanne, la femme du pêcheur, le temps est affreux! que va devenir votre pauvre père? Puisse la bonne Vierge lui prêter secours et protection!

— Mon Dieu! dit Jeannette, pourquoi donc a-t-il été à la pêche!

— Pour vous gagner du pain, mes enfants.

— Bon petit père! ajouta Jean, j'ai peur pour lui, maman.

— Hélas! reprit Jeanne.

— S'il ne revenait pas? mère, répliqua la petite fille tout en pleurs: il est bien tard!

Plusieurs heures se passèrent dans les plus cruelles angoisses. Le temps avait repris sa sérénité; toutes les barques étaient revenues au rivage, excepté celle d'Antoine, dont on n'avait aucune nouvelle.

Tandis que la malheureuse Jeanne le cherchait aux environs, les pauvres enfants au désespoir s'en allèrent au pied de la croix prier Dieu pour leur père. Tous deux, agenouillés, les mains jointes, disaient, dans un pieux recueillement:

— Mon Dieu! sauvez le pauvre pêcheur! Ne nous rendez pas orphelins!

Après cette courte prière, un rayon de soleil leur fit voir au loin une barque qu'ils reconnurent, et l'écho du rivage leur apporta la voix de leur père, qui chantait gaiement une chanson bretonne.

Les douces créatures élevèrent leurs petits bras en signe de reconnaissance, et, quelques moments après, le pêcheur embrassait sa famille et bénissait la Providence.

LA TOILETTE DE MINET

—Mon Dieu! disait Blanche à
son frère Edmond, je ne puis rien
comprendre à ma leçon de géogra-

phie, et maman m'a défendu de m'amuser avant de l'avoir apprise.

— Attends, petite sœur, lui dit son frère, je vais te l'expliquer.

Et s'asseyant auprès d'elle, le bon petit garçon l'aide de tous ses efforts. Un instant après, la leçon était récitée. Le plaisir suivit le travail.

Ils étaient incertains sur le choix du jeu, quand Anatole, leur petit voisin, entra avec sa voiture et proposa d'y promener le petit chat de la maison.

— Je vais l'habiller avec mon tablier, dit Blanche.

— Et moi, je vais mettre ma casquette sur sa tête, ajoute son frère.

— C'est ça, nous en ferons le cocher, dit Anatole.

Et tous les trois s'emparent de Minet, pour faire sa nouvelle toilette.

Mais celui-ci, dérangé de son repas, n'était nullement disposé au jeu, et il témoigna son mécontentement par quelques *futt... futt...* de mauvais augure, en cherchant à s'échapper. Les petits garçons alors le retinrent par la queue, tandis que Blanche cherchait à lui attacher son tablier autour du cou en guise de pelisse. A cette nouvelle contrariété, l'animal furieux se jette sur eux, prêt à les dévisager.

— Que faisiez-vous donc à ce chat? dit madame Renaud en débarrassant les étourdis.

— Il nous égratigne, maman, dit Blanche.

— Qu'il est méchant! ajoute Edmond.

— Mais enfin qu'y a-t-il?

— Nous voulions l'habiller et le traîner en voiture.

— **Et** vous lui faisiez du mal. Vous avez eu tort; on ne doit jamais tourmenter les animaux, et vous êtes trop heureux d'en être quittes pour quelques égratignures.

GEORGINA

Georgina était une petite fille fort jolie, qui se croyait la plus belle du monde; elle n'avait d'autre occupation que de se regarder dans la glace et d'arranger ses cheveux, dans lesquels elle plaçait une foule de vieux chiffons, ce qui la rendait fort ridicule et déplaisait à tout le monde. Elle avait avec cela un petit air pincé, qui lui faisait perdre toute la grâce naturelle de son âge.

C'était en vain que ses parents lui faisaient les plus sévères remontrances à ce sujet ; rien ne pouvait la corriger, lorsqu'un de ses oncles dit un jour en entrant :

— Comme te voilà laide, mon enfant ! qu'as-tu donc fait pour gâter ainsi ta jolie figure ?

— Ce sont toutes les mines qu'elle fait devant la glace, répondit sa mère ; ses traits sont entièrement déformés ;

et si elle continue, elle deviendra laide à faire peur.

— Quoi, maman! je changerais de visage?

— Sans doute: tes yeux ne sont déjà plus les mêmes; ta bouche est serrée, ta tournure prétentieuse, et tu commences déjà à inspirer de l'éloignement aux personnes qui ne te connaissent pas.

— Puisqu'il en est ainsi, bonne mère, je ne me regarderai plus dans la glace.

Et la chère petite embrassa sa mère, mais sa résolution s'évanouit au bout d'un quart d'heure.

On était au jour de l'an, et Georgina, dont les parents étaient riches, s'attendait aux plus jolis cadeaux.

Mais quelle fut sa surprise ! son père, sa mère, ses oncles, ses tantes et toute sa famille, ne lui offrirent chacun qu'une simple boîte contenant une glace. Son dépit fut si grand qu'elle n'en voulut garder aucune, et ses larmes coulèrent sur le sein de sa mère.

Quelques mois après, Georgina, entièrement corrigée et devenue tout à fait bonne petite fille, ouvrit, par ordre de son père, les boîtes du jour de l'an, et les trouva pleines cette fois des plus jolies choses à son usage.

— Ceci, lui dit sa mère, est la récompense de tes efforts. Rappelle-toi, mon enfant, qu'une petite fille, riche ou pauvre, doit toujours être simple, naturelle et bonne.

LE PETIT IGNORANT

Adolphe apprenait à lire depuis
six mois, et malgré la peine et les
soins de son papa et de sa maman, il

était aussi ignorant que le premier jour, ne connaissait pas une seule lettre, et ne savait même pas la fable de *maître Corbeau,* que de tout petits enfants récitent comme des anges.

Il était question d'une charmante partie de campagne avec sa tante et son cousin Jules, qu'il aimait beaucoup. Son papa, M. Langlois, y mit la condition qu'il saurait au moins son *ba, be, bi, bo, bu.* Adolphe promit; mais, au lieu de tenir parole, le petit obstiné, comptant toujours sur l'indulgence de son père, et bien résolu à ne rien apprendre, n'en savait pas davantage, quand sa tante et son cousin vinrent le chercher.

— Est-ce qu'Adolphe ne vient pas

avec nous? demanda Jules, ne le voyant pas habillé.

— Non, répondit madame Langlois, nous aurions trop à rougir dans la société d'un enfant aussi ignorant.

— Nous nous serions si bien amusés! reprit Jules. Pardonne-lui, ma bonne tante, ajouta-t-il tout attendri des larmes d'Adolphe.

— Je le veux bien, répondit-elle, si son papa y consent.

— La promenade sera fort belle, dit la tante. Je comptais faire faire à ces enfants une partie à âne; mais Jules ira tout seul.

— Papa!... s'écrie Adolphe, j'apprendrai bien à lire et beaucoup de fables si tu veux.

— Non, mon ami, vous promettez

toujours en vain ; vous subirez aujourd'hui votre punition tout entière, et vous n'aurez à votre déjeuner que du pain et une tasse de lait.

Les deux dames sortirent avec Jules.

Adolphe s'assit consterné auprès de la table. Il déjeuna de meilleur appétit le lendemain, car il avait appris sa leçon.

LES CHATEAUX DE CARTE

Un soir d'hiver, madame Dupin, assise à une table près du feu, cousait une belle dentelle au bord d'un joli col, tandis que son fils Julien s'amusait auprès d'elle à faire des châteaux de cartes. Le petit maladroit ne pouvait parvenir à en élever aucun ; au moment de terminer l'édifice, tout s'écroulait à la fois, et les cartes tombaient de tous côtés ;

sa bonne mère les lui ramassait et construisait à son tour avec une main plus sûre.

— Tu n'as pas assez de patience, mon ami, lui dit-elle, et tu ne fais pas assez attention à éviter le moindre mouvement.

Madame Dupin, voulant aller dans la pièce voisine, dépose son ouvrage sur la table, tandis que Julien continue à faire des châteaux dont aucun ne reste debout.

Ennuyé et de fort mauvaise humeur, à force de voir qu'il ne réussissait à rien :

— Les vilaines cartes! dit-il tout rouge de colère; je n'en veux plus!

Il les jette, en disant cela, dans la cheminée, et avec elles tout ce qui se trouvait sur la table. Sa mère, qui arrivait en ce moment, voyant sa figure décomposée :

— Qu'as-tu donc? lui demanda-t-elle.

— Ce sont mes cartes qui ne voulaient pas se tenir; aussi je les fais brûler, ces méchantes-là.

— Et ma dentelle, dit madame Dupin, elle brûle aussi!

— Oh! que je suis fâché, maman!

— Votre maussaderie, monsieur, me cause une perte réelle.

— Pardonne-moi, ma petite mère, je ne me mettrai plus en colère contre mes cartes quand elles ne voudront pas faire des châteaux.

Son père entra et lui dit :

— Apprends, mon ami, que dans toutes les choses de la vie il faut de la patience et de la persévérance; sans cela on ne réussit à rien.

Le bon petit garçon promit, et reçut, un moment après, un baiser de sa mère.

LES GATEAUX DE NANTERRE

Alphonse, charmant petit garçon
de madame de Fréville, était d'une
turbulence extrême; il ne pouvait

rester en place un instant. Aussitôt qu'on lui imposait le moindre devoir, sa petite mine s'allongeait, et sa physionomie témoignait la tristesse et l'ennui.

Avec une telle disposition, Alphonse ne s'appliquait à aucune chose. Croirait-on qu'à cinq ans il connaissait à peine ses lettres, et ne savait pas même compter jusqu'à douze?... Est-il rien de plus humiliant que d'être aussi ignorant à cet âge !

Madame de Fréville le conduisait chaque jour aux Tuileries, et lui achetait en entrant des gâteaux de Nanterre, dont il était très-friand.

Cette bonne mère profita de cette dernière circonstance pour inspirer à son enfant chéri le désir du savoir.

Dans cette intention, elle emmena un jour avec elle tous les petits amis d'Alphonse, et leur dit à la porte des Tuileries :

— Avez-vous bien lu vos leçons aujourd'hui, mes enfants?

— Oui, madame, répondirent-ils tous à la fois, et sans une seule faute.

— Cela mérite une récompense. Et toi, mon ami? continua-t-elle en regardant Alphonse.

— Moi, maman... dit-il en rougissant; et il se tut.

— Vous savez aussi compter? reprit madame de Fréville.

— Sans doute, madame.

— Et toi, mon petit Alphonse? continua-t-elle en distribuant les gâteaux qu'elle venait d'acheter. Combien sommes-nous?

Le pauvre enfant rougit de nouveau en balbutiant : six... sept...

— Oh! s'écrièrent tous les espiègles.

— Quoi! tu ne sais pas compter? dit une petite fille : tu vois bien que nous sommes dix.

— Mais, maman, je n'ai pas de gâteau, reprit Alphonse.

— Il n'y en a pas pour toi, lui dit sa mère, tu as mal compté; quand tu ne te tromperas plus, tu ne seras pas oublié.

— Demain je ne me tromperai plus, reprit Alphonse.

Les petits amis revinrent; et

comme il ne faut que vouloir pour apprendre, le lendemain, Alphonse eut un gâteau de Nanterre tout en-tier.

LA FLEUR D'AUGUSTA

La petite Augusta avait la mauvaise habitude de porter à sa bouche ce qu'elle rencontrait dans ses promenades, principalement les fleurs, les feuilles et les cailloux, toutes choses fort dangereuses; car on peut s'empoisonner avec les plantes qu'on ne connaît pas, et on a vu même des petits garçons et des petites filles s'étrangler avec des cailloux qu'ils avaient avalés par mégarde.

Augusta se promenait un jour avec son oncle, M. de Champeau, savant naturaliste; tous les deux récoltaient des plantes, l'une pour s'amuser, l'autre pour l'utilité de la science, car M. de Champeau faisait un magnifique herbier.

Tandis qu'il s'occupait à en préparer quelques-unes assez rares, sa jolie nièce, courant autour de lui, aperçut une plante de belle apparence. La petite inconsidérée la cueille immédiatement; puis, selon son ordinaire, elle la porte à sa bouche, et en mâche indistinctement toutes les parties. Mais, hélas! cette plante est malsaine, et bientôt Augusta se sent prise d'un mal de cœur insupportable.

—Qu'as-tu, mon enfant? lui demande son oncle en la voyant cracher avec répugnance.

— C'est cette fleur, dit-elle, qui a un mauvais goût.

— Malheureuse habitude! s'écria l'oncle; cette plante est vénéneuse.

— Je suis morte, mon oncle!... Elle est pourtant si belle!...

— Cela ne sera rien, dit M. de Champeau. Asseyons-nous ici; je vais te convaincre, par l'analyse de cette plante, du danger que l'on court à mettre dans sa bouche les choses qu'on ne connaît pas.

Augusta se plaça auprès de son bon oncle, et promit, en l'écoutant, qu'elle se souviendrait de la leçon.

L'ENFANT PAUVRE

Par une belle journée d'été, madame de Volmar, très-élégamment mise, allait faire quelques visites;

elle descendit de voiture à peu de distance de la maison où elle se rendait, afin de prendre un peu d'exercice, nécessaire à sa santé.

Un de ces pauvres enfants, fort sales et misérablement vêtus, que l'on voit journellement dans les rues, se trouvait en cet endroit ; et, peu habitué, dans son faubourg, à voir des personnes aussi bien mises, il regardait attentivement la riche toilette de madame de Volmar, en observant tous ses mouvements.

Francisque, c'était le nom de cet enfant, s'aperçut que cette dame, en tirant son mouchoir, avait laissé tomber son porte-monnaie ; il se hâta de le ramasser.

— Dieu ! le beau porte-monnaie !

dit-il en faisant sonner l'argent et le tournant de tous les côtés. Qu'on est heureux d'être une grande dame ! Si je le portais à la maison ?... Oh ! non, papa me gronderait.

Et le voilà qui se met à courir pour rejoindre madame de Volmar, qui avait déjà beaucoup d'avance sur lui. Ce bon Francisque, en pressant ses petites jambes, parvint enfin à la rejoindre.

— Madame ! dit-il, madame !

Madame de Volmar tourna la tête sans lui répondre et continua sa route.

— Ecoutez-moi, madame !

— Je n'ai pas de monnaie, laissez-moi, mon ami.

— Je ne demande rien, madame, mais vous avez perdu quelque chose.

— Oh ! mon porte-monnaie ! dit madame de Volmar avec inquiétude.

— Le voilà, répondit Francisque, tout joyeux de lui rendre.

— Attendez, mon ami, que je vous récompense.

— Oh ! madame, je ne veux rien pour ça.

— Vous êtes un brave et honnête enfant.

Ayant pris l'adresse de ce petit garçon pauvre et loyal, madame de Volmar lui fit remettre le lendemain, chez son pere, un habillement complet, et pour joindre l'agréable à l'utile, elle accompagna cet envoi d'une énorme brioche.

L'ENFANT PERDU

— Ne t'éloignes pas, Fanny, disait madame de Valville à sa petite nièce, en s'asseyant sous les beaux marronniers des Tuileries.

— Non, petite tante, je n'irai que jnsqu'à la corbeille de gazon.

— Fort bien, mon enfant.

Et madame de Valville prit un livre pour faire la lecture.

Fanny, en allant et venant de sa tante à la corbeille, crut apercevoir une de ses petites compagnes à une certaine distance, et, ne songeant plus à rester auprès de sa tante, la voilà qui court, et se laisse entraîner, non par désobéissance, mais par étourderie, jusqu'à l'autre bout du jardin. Elle se trouva dans un tour-billon de monde et d'enfants qu'elle eut beaucoup de peine à franchir, ce qui lui fit faire une foule de tours, et de détours, qui lui ôtèrent la possibilité de retrouver l'endroit où était sa tante.

Madame de Valville, inquiète, cherchait sa petite Fanny de tous les côtés, la demandant à tous les gardiens. Tandis qu'elle se hâtait d'avertir les différents postes, la malheureuse enfant, tout en pleurs, heurtée par les passants, sortait des Tuileries par la porte du quai. Là elle fut sur le point de perdre la vie.

En voulant traverser le Pont-Royal, elle fut poussée sur la chaussée par une foule de gens qui se garaient d'un cheval échappé. La pauvre Fanny, abandonnée à son imprudence, se trouva sous les pieds de l'animal fougueux ; elle eût été infailliblement écrasée sans un bravo soldat qui se précipita au-devant du danger et la tira par un bras jusque sur le trottoir; là elle fut entourée par les assistants et reconnue par sa tante, qui rentrait au désespoir.

— Ma bonne tante! s'écria Fanny tout éperdue, ce n'est pas ma faute.

— Malheureuse enfant! répondit madame de Valville, en essuyant ses larmes et remerciant le bon militaire; allons trouver ta mère, et que cela ne t'arrive plus!

LA PETITE ARAIGNÉE

Armand était un petit garçon fort gentil, aimable et doux; sans être poltron, il avait une grande frayeur de tous les insectes : la présence d'une araignée le faisait trouver mal; voyait il une chenille, il poussait des cris affreux; une mouche même effleurait-elle du bout de son aile son petit nez, il courait cacher son visage dans les genoux de sa mère; et cependant il n'avait pas la moindre peur d'un chien, d'un cheval, et d'autres gros animaux. Son père, qui avait pour lui une tendresse

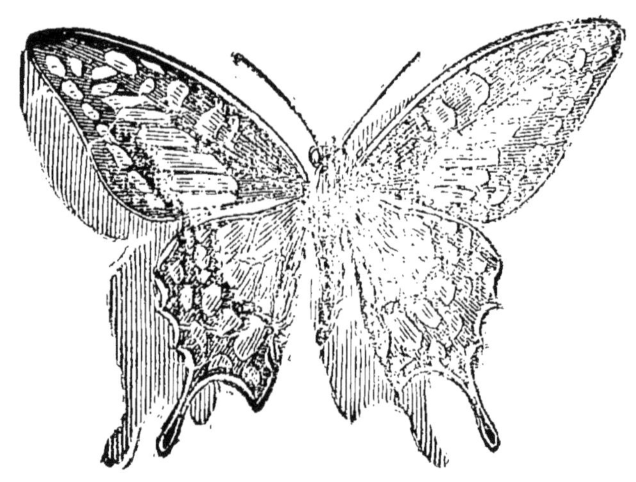

extrême, lui faisait chaque jour mille représentations à ce sujet.

— Quel mal peux-tu craindre d'une mouche ou d'un papillon que tu écraserais entre tes doigts? lui disait-il.

— Je ne sais pas, mon petit père, mais j'en ai peur.

Les petits papillons qui sont si jolis, les chenilles même qui te causent tant d'effroi, n'ont aucune arme pour se défendre, et ne peuvent te blesser.

— Oui, papa, mais j'en ai peur.

— Un petit garçon doit avoir du courage ; il faut vaincre ta répugnance. Prends ce hanneton, il t'amusera.

— Oh! non, papa ! je t'en prie ! répond-il en se sauvant tout effaré.

Quelques jours après, il était à la promenade avec sa mère ; une dame le tire par sa veste en lui disant:

— Mon ami, ôtez cette petite bête qui est sur le châle de votre maman.

Armand la regarde d'un air étonné.

— Cette petite araignée, reprit la dame ; ôtez-la donc, elle va passer sur son cou !

Le pauvre Armand, n'osant pas avouer sa faiblesse, lève la main, en proie à une vive émotion, et du coup le plus violent lance au loin la petite bête inoffensive.

Sa mère le félicita, car l'amour filial avait fait naître en lui le courage.

LA MARCHANDE DE PLAISIRS

Un dimanche de la belle saison,
madame Croharé se promenait aux
Champs-Élysées avec sa jolie petite

Juliette, qui sautait et courait autour d'elle, faisant mille espiégleries à sa poupée, et s'arrêtait devant toutes les boutiques.

— Maman, dit-elle, ma fille voudrait bien manger du pain d'épice.

— Elle n'a pas encore faim, lui répondit sa mère, nous verrons cela au retour.

Madame Croharé fit cependant tirer quelques macarons à Juliette, pour elle et sa poupée. Mais le spectacle de Guignole, où Polichinelle joue un si grand rôle, ayant excité la curiosité de Juliette, sa mère la fit placer sur le premier rang. L'assemblée était nombreuse, et tous ces petits enfants se promettaient un bien grand plaisir. On allait enfin commencer, lorsqu'une petite fille s'écria :

— Voilà la marchande de plaisirs! je l'entends.

C'était elle, en effet, qui cherchait à pénétrer au milieu des assistants; mais, hélas! pressée par quelques mauvais sujets, la pauvre femme fit un faux pas et renversa sa marchandise, qui se brisa sous ses pieds au milieu de l'auditoire.

— Je suis ruinée, mes bons petits enfants, s'écria-t-elle, je suis ruinée !...

— Pauvre femme ! dit Juliette.

— Si nous lui donnions quelque chose ? dit une autre petite.

— Oui ! crie un petit garçon.

D'un commun accord, ils entourent la marchande de plaisirs, et jusqu'au plus jeune, tous ces bons petits enfants versent leur bourse dans la main de la pauvre femme.

— Maman, dit Juliette, ma poupée ne mangera pas de pain d'épice,

veux-tu que je donne aussi cet argent ?

— Sans doute, lui répondit sa
mère, et quelque chose aussi pour
mon compte.

— Tenez, dit l'aimable petite à la
marchande, voilà pour moi et ma
poupée.

LA NOUVELLE PATRIE

Une famille jetée dans une île déserte par un naufrage l'habitait depuis longues années. Les enfants, trop jeunes pour se rappeler le passé, ignoraient comment il étaient arrivés dans cette île, ils ne se souvenaient plus du continent qui avait été leur berceau; du pain, du lait, des fruits et des autres douceurs qu'on y trouve, ils n'avaient pas la moindre idée, non plus que d'aucune des commodités de la vie; leur demeure était une caverne, et ce

pays sauvage ne pouvait leur offrir
d'autre nourriture que des herbes,
des racines, ainsi que l'eau claire
d'un ruisseau.

Un jour, un petit esquif, monté

par quatre nègres, aborda dans l'île.
Cet événement fit concevoir aux
parents l'espoir de trouver l'occasion
d'échapper à leur longues souf-
frances; mais le bateau étant trop

faible pour transporter toute la famille au delà de l'Océan, le père se décida à entreprendre ce voyage le premier, afin de préparer une demeure aux objets de sa sollicitude.

La mère et les enfants déploraient cette séparation, et ce n'était pas sans effroi qu'ils voyaient celui qu'ils aimaient tant confier son sort à ces faibles planches ; mais le père leur dit : « Ne pleurez point ; on est plus heureux sur l'autre rive, et bientôt nous y serons tous réunis. »

Le petit bateau revint chercher la mère, et les enfants s'affligèrent encore davantage à l'idée de rester sans protection ; mais la mère leur dit : « Ne pleurez point, nous nous retrouverons sous peu dans un meilleur pays. »

Enfin, la nacelle revint encore chercher les enfants. Ils avaient peur des hommes noirs, et ce n'était pas sans appréhension qu'ils se confièrent aux vagues de la mer. Cependant, au milieu de leurs inquiétudes et de leurs craintes, ils approchèrent de la terre.

Mais comment peindre leur joie en reconnaissant leurs parents, qui leur tendaient les bras sur un fortuné rivage émaillé de gazons fleuris et ombragé de hauts palmiers ! Une collation délicieuse de lait, de miel et de fruits savoureux leur fut offerte, et d'aimables compagnons vinrent partager leurs plaisirs, chaque jour nouveaux et imprévus, dans cet heureux pays, à la cour du meilleur des rois.

« Oh ! que notre crainte était mal fondée ! dirent les enfants. Au lieu d'avoir peur, nous aurions dû nous réjouir, lorsque les nègres vinrent dans notre île pour nous transporter dans ce doux climat.

— Mes chers enfants, dit le père, notre passage de l'île déserte dans ce pays ravissant peut nous suggérer une considération plus élevée. Ce monde est comme île ; le pays dans lequel nous venons de débarquer nous offre une image imparfaite du paradis ; le trajet sur une mer périlleuse, c'est la mort ; le frêle esquif représente le cercueil dans lequel quatre hommes vêtus de noir nous transporteront un jour. Ainsi, quand l'heure du départ sonnera pour chacun de nous, ne vous troublez pas, et livrez-vous au contraire à l'espérance ; la mort n'est pour les justes que le passage d'un séjour d'exil à une terre fortunée, vers laquelle doivent tendre nos désirs, et où nous retrouverons notre véritable patrie. »

Dans l'exil d'ici-bas rien ne remplit mes **vœux**,
Et ma seule patrie est par delà les cieux !

LE COLLIER D'OR

— Je veux un collier d'or comme celui de ma petite voisine Hortense ! s'écria Berthe, en entrant toute rouge chez sa mère.

— Que dis-tu, mon bel ange ?... répondit doucement madame André; mais parle plus bas, ou tu réveillerais ton petit frère qui dort.

— Maman, je veux un collier d'or...c'est beau, c'est tout jaune, et cela reluit au soleil !

— Oui, mon enfant, c'est très-beau; mais je n'ai pas d'or, moi, pour t'avoir un collier.

— Vas-en chercher, maman, dit la petite fille d'un air décidé.

— Ma fille, Dieu n'aime pas les enfants qui parlent à leur mère sans respect et sans soumission.

— Mère, je ne le ferai plus... S'il te plaît, va me chercher...

— Mon amie, dit madame André en prenant sa fille sur ses genoux, l'or est un métal qui se trouve à une grande profondeur dans la terre... des esclaves dans quelques pays, des ouvriers dans d'autres, vont creuser le roc, la terre et le sable pour en trouver... puis on le fond dans un grand feu, on le travaille longtemps, et il devient alors brillant comme le collier de ta petite voisine. Veux-tu que je parte, que j'aille bien loin à travers les mers pour te chercher de l'or?

— Oh! non, maman, reste avec moi, dit Berthe en se serrant sur le sein de sa mère... Mais, reprit-elle, la maman d'Hortense n'est pas allée bien loin, elle a acheté le collier chez un monsieur qui en a beaucoup d'autres.

—C'est possible, Berthe, répondit madame André; cette dame est très-riche, je ne le suis point, mes seuls trésors, à moi, ce sont mes enfants... et je suis très-heureuse quand ils sont sages et doux!

— Pourquoi n'es-tu pas riche, maman?

— Parce que Dieu donne à chacun selon sa sagesse, mon enfant;

vois, cette dame n'a qu'une fille ; moi, j'ai trois beaux anges qui m'aiment et me caressent... je n'envie pas son sort. Hortense a son collier d'or ; mais toi, tu as une sœur, une douce compagne, et ton petit frère qui suspend ses bras roses à ton cou... voudrais-tu les donner tous deux pour ce collier que tu désires ?

— Oh ! non, maman ! dit Berthe de tout son cœur.

— Vois comme Dieu répartit sagement les biens de ce monde ! continua madame André : cette petite fille est moins heureuse que toi. D'ailleurs Dieu nous défend de convoiter ce qu'il lui a plu de donner à nos semblables... nous devons le bénir pour les bienfaits dont il nous comble chaque jour, et nous soumettre toujours à sa volonté... car ce qu'il fait est bien fait !

TABLE

	Pages
Le petit Menteur	5
Riches et Pauvres	10
Un bienfait n'est jamais perdu	15
Le bon petit Serviteur	19
La Promenade au bois	23
Ne touchez pas aux chiens	28
Les Enfants du pêcheur	33
La toilette de Minet	37
Georgina	42
Le petit ignorant	46
Les Châteaux de cartes	50
Les gâteaux de Nanterre	55
La Fleur d'Augusta	60
L'Enfant pauvre	64
L'Enfant perdu	68
La petite Araignée	73
La Marchande de plaisirs	77
La Nouvelle Patrie	82
Le Collier d'Or	88

Paris. — Imp. A.-E. Roohette, 72-80, B[d] Montparnasse.